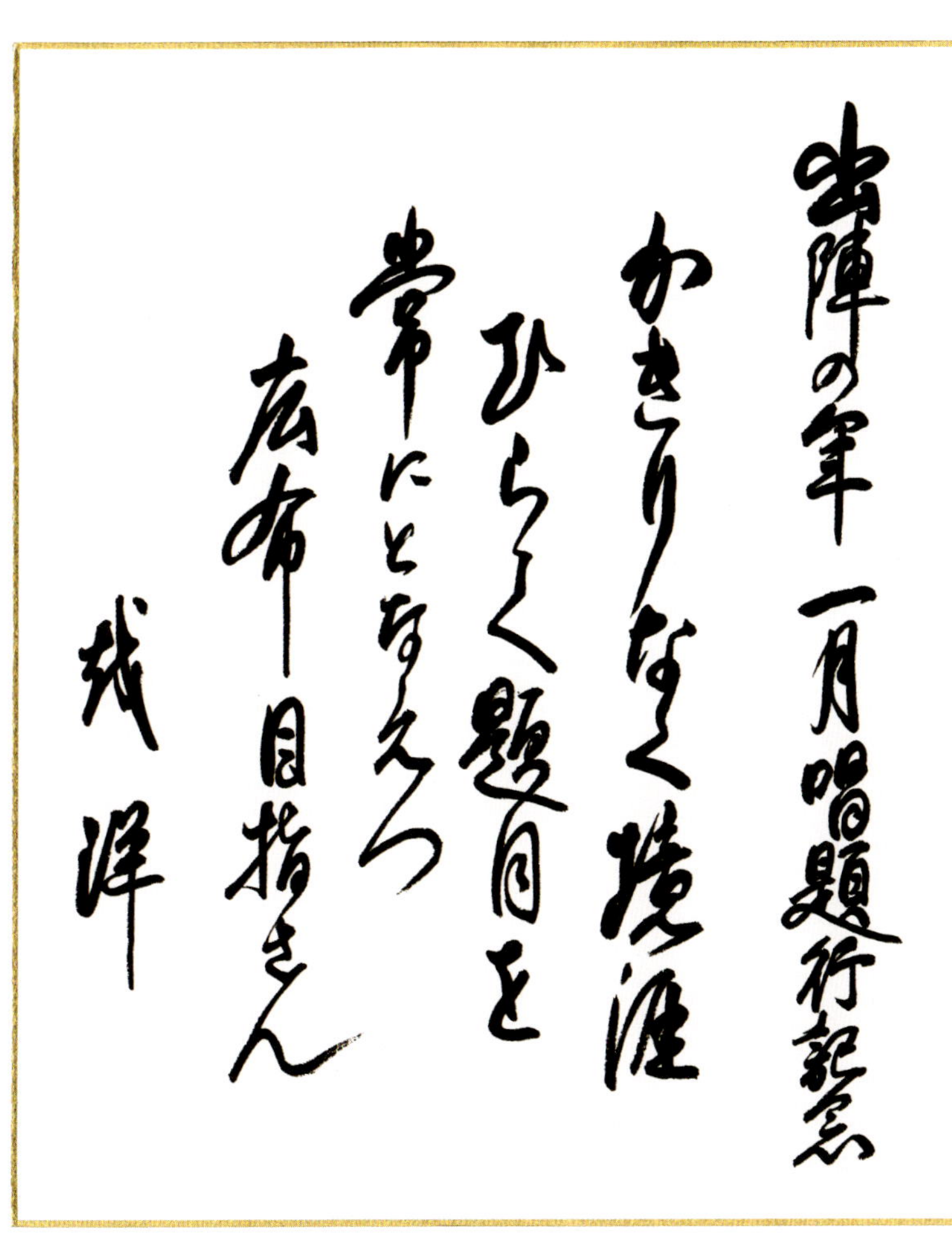

総本山第六十七世日顕上人御歌　平成十一年

総本山第六十七世日顕上人猊下御教示

すべては唱題から

―唱題の功徳と意義　六十一カ条―

はじめに

前御法主・第六十七世日顕上人猊下の御許可を賜り、御著述の『三大秘法義』より、各説「第三章 本門の題目」中の「第二節 題目関係の諸義」を抜粋させていただきました。

かつて日顕上人は、

「お題目を唱えることこそ一番の楽しみであり、喜びであるということを真に感じていただきたいと思うのです」（大日蓮・平成八年一月号四三ページ）

と御指南されました。また、

「かぎりなく　境涯ひらく　題目を　常にとなえつ　広布目指さん」

（同・平成十一年三月号七二ページ）

という御歌を詠まれております。

本書には、唱題の計り知れない功徳と題目の意義を、六十一の項目にわたって、血脈(けちみゃく)相承の深義の上から詳細に述べられております。

読者各位には、題目の尊さ、偉大さを知り、その功徳を体験していただき、平成三十三年・宗祖日蓮大聖人御聖誕八百年の御命題達成に向け、いよいよ折伏弘通に邁進されますことを念願いたします。

平成二十九年七月十六日

大日蓮出版

目次

略称一覧

御　　書 ― 平成新編日蓮大聖人御書（大石寺版）
法 華 経 ― 新編妙法蓮華経並開結（大石寺版）
御書文段 ― 日寛上人御書文段（大石寺版）
玄義会本 ― 訓読法華玄義釈籤会本（富士学林版）
止観会本 ― 訓読摩訶止観弘決会本（富士学林版）

一、題目の大利益

本門の本尊を信じて、真剣に強盛（ごうじょう）に題目を唱えるところ、実に不可思議な大利益が生ずる。

『祈祷抄』に、

「大地はさゝばはづるゝとも、虚空をつなぐ者はありとも、潮のみちひぬ事はありとも、日は西より出づるとも、法華経の行者の祈りのかなはぬ事はあるべからず」

（御書六三〇㌻）

との御指南がある。この御文をそのまま行じ、実践して、想像もつかない大利益を受けた人々は数えきれないのである。医師より余命三カ月と宣告された人が、真剣な唱題で快復したことや、あらゆる医師が手を上げる難病を救われた人々、さらに大事故による後遺症が完治した等々の功徳体験は、その跡を絶たない。そのほか「妙とは不可思議」と言われるように、ありえないほど不可思議な利益が続出している。これは大御本尊の功徳が法界に遍満し、その真理が虚空に通じているから、題目を真剣に唱えるとき、その人の命に功徳が冥合するのである。

人の命は本来、不可思議である。しかし、題目を知らなければ、その命が不可思議の功徳を生じない。謗法によって悪業が生じ、悪業によって苦が生ずる。あらゆる身体の不調も、医師も望みを絶つ難病も、知らず知らずに過去に犯した法に背く罪によっている。その流れのままでは、あくまで苦のなかの命である。妙法を行ずるとき、その苦の命が一転して不可思議の功徳を生ずる。これを信じて病苦の人、あらゆる苦しみに悩む人は、強盛に唱題をされたいものである。

また『妙一尼御前御消息』に、

「法華経を信ずる人は冬のごとし、冬は必ず春となる。いまだ昔よりきかず(聞)みず(見)、冬の秋とかへれる事を。いまだきかず、法華経を信ずる人の凡夫となる事を」(同八三二ジペー)

との御文を拝する。人生の様々な宿業と出会いのなかにあって、その生存中に種々の不足、不満、不幸が訪れ、そのなかに埋没しつつある人も多い。しかし、右の御金言のように、御本尊を信じ、妙法を絶えず受持信行するとき、冬のような厳しい人生が春の温かい幸福な命となる。その変化は、外からでもなく、内からでもなく、ただ妙法の功徳であり、また、その功徳が外からも内からも顕れて、真の喜びと幸せを生ずるのである。夫婦関係、家族関係、友人関係、職業上の種々の人間関係による様々な不信、反感、冷酷等の悪に、軽蔑、嫉妬等々の苦しみも多く、また通常の人間生活より落ちぶれて、人生の闇を這うような人々の、悩みを悩みとも思わない衰退した心の姿等、世の人々の苦悩は計り知れない。しかし、妙法を真剣に受持するとき、その冬の人生は必ず春と開いて行くのである。

さらに、大聖人の御聖訓に、

「日蓮仏法をこゝろみるに、道理と証文とにはすぎず。又道理証文よりも現証にはすぎず」（三三蔵祈雨事・同八七四ジペー）

との文がある。要するに、仏法の正義は、その正義としての在り方が現実の証拠として顕れることが最も大切であるとの意と拝される。大聖人御一期の御化導は、あらゆるところに、この現実の仏法の不可思議な証拠を顕されている。しかし、この現証は大聖人御一人ではなく、妙法を信じ、行ずるすべての人に顕れるのであり、それが病苦の克服、生活上の正しい信念と確信、力強い生命としての実践、すべての人間関係の好転等の諸徳を実証した人々においての、現実の証拠として存するのである。故に、以上の宗祖の御教示を深く体して、信心唱題に励むことが大切である。

二、真実の悟り

真実の悟りを得るには、どうしたらよいか。

世の中には、あれも悟り、これも悟りという言葉が、いっぱい広がっている。しかし、ほとんどが枝葉の言である。真実の悟りは、我々のすべてに元から具わっている不思議な真理を観じて、それを知ることであるが、一般人の智慧では、種々の部分的判断に執われるために、その全体の理を知ることはたいへん難しいのである。

しかるに、この不思議な真理を一言にして顕した法がある。それによって初めて、その広大な真理のなかに入ることができる。その法とは、妙法蓮華経である。故に、これを唱えれば、おのずから不思議な真理を我が身心に観じ、会得する。これにより、最高の悟りを決定(けつじょう)して得ることができるのである。

三、我が一念の妙法

妙法蓮華経には、釈尊の説かれた八万聖教(しょうぎょう)の意義と、三世十方の諸仏・菩薩の悟りが具わっている。しかし、さらにその当体に即して絶対的な本仏がまします。すなわち、久遠の根本の時と末法の時が、そのまま相即する実在としての人法一体の本仏日蓮大聖人である。しかも、その妙法は我々の手の届かない遠い所にあるのではなく、本来、妙法を唱える我が一念に具わっている。故に、人法一箇の御本尊の妙法を信じ唱えるとき、我が一念が、そのまま広大な功徳を持つ妙法蓮華であることを、命の奥底に悟るのである。

四、我が心を磨く

我々の心には本来、無明という煩悩があり、これによって常に種々の迷いが生じている。故に、我々の心は、磨かない鏡のようなもので、常に曇っている。しかし、鏡を磨けば煌々とした明鏡となるように、曇りが晴れれば真実の法を悟った心となる。故に、迷いの心を持つ我々は、常にこれを正しく磨かねばならない。その磨く方法は、ただ一つしかない。それは、ただ南無妙法蓮華経と正境の御本尊に向かい唱え奉ることである。

五、真実を開く

吾人の心は、常に善や悪についてあれこれと迷い、悪を捨てて善に向かわなければならないと思っているが、現実の相において愚かな心は、善に背き悪を行じている。また、小さな善に執われて、より大きな善に背いている。これは、小さな道徳観に縛られているからで、善と悪を相対して考える差別の心である。さらに、真実を開けば、その善悪の心の全体が妙法蓮華なのである。故に、妙法を唱えるとき、あらゆる善悪の心に今まで感じたことのない徳が生じ、信心をもって唱え続けていくことで、小さな悪や中間の悪、また大きい悪、さらに小さい善や中間の善を超えた大善により、それらを照らし活かす心境となり、一生のうちに仏と成ることができるのである。

六、尊厳の体に帰す

我々の身体や性質は、各人共通して同じところもあるが、また各人各様で、あらゆるところが異なっている一面もある。すなわち、平等の面と差別の面である。身体や精神に色々な故障があったり、性格の違いや対人関係の問題等で、多くの人が互いに悩んでいる。これは、自己の命の奥に伏在する、限りない真実の体(たい)を見失っているからである。

万物の、より高い次元で共通しているのは「尊厳」の二字である。妙法は、我々の尊厳の体であり、真実の体である。故に、妙法を持(たも)ち唱えることは、この尊厳の体に帰するのである。

七、心中の仏顕る

一念に法界三千を具すという観念も、一心に空・仮・中の理をすべて具すとの観法も、ことごとくそれが妙法蓮華経に収まっている。また、法界のすべてに通じ、すべてを具える妙法蓮華経は、我らの一心に収まっているのである。したがって、人法体一の妙法を唱えるとき、あらゆる権(かり)の教えや、我が心のみを中心とする方法では全く顕れることのない、本来の心中の仏が顕れるのである。

八、本地甚深の奥蔵

天台の釈に、

「此の妙法蓮華経は、本地甚深の奥蔵（中略）三世の如来の証得する所なり」
（玄義会本上二五ジペー）

と説かれている。これは、あらゆる経典のなかで、妙法蓮華経が唯一最高の教法ということである。

日寛上人は、この文について、

「文に『本地』とは、即ち是れ本門の戒壇なり。謂わく、本尊所住の地なり、故に本地と云う。本尊所住の地、豈戒壇に非ずや。文に『甚深』とは、即ち是れ本門の本尊なり。天台の玄の一二十一に云わく『実相を甚深と名づく』云云。妙楽の云わく『実相は必ず諸法、諸法は必ず十如、十如は必ず十界、十界は必ず身土』云云。実相・甚深、豈一念三千の本尊に非ずや。文に『奥蔵』とは、奥蔵は能歎（のうたん）なり。例せば爾雅（じが）の第四に『最も深隠（じんいん）と為す、故に之を奥と謂い、蔵とは天台云わく「包蘊（ほううん）を蔵と為す」』と云うが如し云云。故に知んぬ、奥蔵とは本門の題目なり。所謂（いわゆる）題目の中に万行を包蘊するが故なり。今三大秘法総在の妙法に約する故に『此の妙法蓮華経は本地甚深の奥蔵』と云うなり」（御書文段四五五ページ）

と解説されている。

このように「本地甚深の奥蔵」とは三大秘法であり、南無妙法蓮華経の五字・七字の意味は到底、簡単に述べられるものではない。しかし、我々が唱える一遍の題目に、一切の意義が篭（こ）もっているのである。

その一切を含めたところに妙法蓮華経の深い意義があるから、唱題をすることによって現世安穏・後生善処その他、あらゆる身心充実の功徳が顕れることは当然である。

また、過去以来の謗法罪障の因縁によって様々な間違った欲望や考えを持っている命は、妙法の唱題をすることによってその誤りがだんだんと閉ざされてくるのであり、そのことによって自らの命の清浄がおのずと図られてくるのである。

あらゆる意味から、この妙法を唱えることが一切衆生の成仏の道であり、真に自他を救っていく道である。我々僧俗一同は、常にその実証をもって、しっかり信行に励まなければならない。

九、順逆二縁共に成仏す

妙法の功徳は、教えを聞いて正しい信仰に入る順縁の人と、教えを聞いて背き逆らう逆縁の人を、共に救う。随喜し、唱題する者は仏と成る。また、順わず、逆らう者も、法界全体に広がる眼に見えない網のような因縁においての絶対な妙法と善縁を結ぶ故に、この勝れた縁により未来において救われるのである。

十、身・口・意三業の功徳成就

愚かで、文章も読めないような人が、南無妙法蓮華経を唱えて利益があるのか、という疑問を抱く人もあろうが、利益は必ず存するのである。唱題により、我々の身と口と意のうち、まず口業（くごう）の功徳を成就する。これにより、仏の種子がおのずから胸に収まり、身業と意業にも次第に善の功徳が積まれ、やがて将来に仏道を成就する人となる。

十一、開会の大功徳

釈尊の四十余年の諸経は、法華経の一分一分を方便として説かれた。これを相待妙と言う。したがって、やがて法華経にすべてが帰入する。これを絶待妙と言う。また、それぞれの方便経を説いた仏も、文上では釈尊の分身であり、文底では日蓮大聖人の分身であるから、法華経の題目は他の諸経・諸仏を一括して収めている。これらの諸経・諸仏は、法華経から開かれたのであり、妙法はそのすべてを活用する大功徳を具えることを知って、題目を唱えるべきである。

十二、現世安穏後生善処

妙法を持ち、唱えていけば、必ず現世が安穏となり、後生は善処となる。故に、この根本の道から外れ、忘却して、いたずらに軽薄な欲望に基づく名誉や利得のためのみに狂奔すべきではない。あらゆる内や外からの障害に惑わされず、世事においては正しい道の上に生活を行い、かつ信仰においては、一心に人法一箇の御本尊を信じ、南無妙法蓮華経と唱え、また他の人にも積極的に勧める心になることが肝要である。

十三、妙法の三世の功徳

末法の我々は機根が下(くだ)っているため、自分自身の前世のことは暗昧(あんまい)である。しかし、仏法の三世の因果より見れば、すべての衆生が、前世より善悪の種々の業を作っている。よく見れば、人々の過去の因縁がどうであったかは、現在の結果を正しく見れば、そこにおのずから明らかに出ているのであり、未来の結果がどうなるかは、現在の因縁を見れば、また明らかである。今世に妙法に巡り値い、題目を唱える人は、前世に大きな仏縁の功徳を積んでいる故に、妙法を聞いて信を起こすのである。

十四、妙法深縁の徳

法華経の題目は、その意味も義理も知らない人が、ごくたまに南無妙法蓮華経と唱えても、既に深縁が生じたのであるから、その功徳で、将来は妙法の悟りを極めるに至るのである。それは、題目が八万聖教のすべてを括る肝心であり、一切の仏が、この題目を肝要とされている徳によるからである。

十五、教・行・人・理の所開と能開

法華経に、

「方便の門を開いて真実の相を示す」（法師品・法華経三二八ジペー）

とあり、妙とは方便の門を開くということである。

その内容とは、教・行・人・理の四について方便がある。

教において、蔵・通・別の三教は方便で、円教が真実であり、また、これを具体的に説いた経典では、華厳・阿含・方等・般若は方便で、法華経が真実である。行では、爾前経に説く諸行が方便で、法華経の受持・読・誦等が真実である。人においては、諸経のそれぞれに示す修行の人の位は方便で、法華経に説く位が真実である。理では、蔵教の但空、通教の体空、別教の但中の理が方便で、円教の円融中道の理が真実であり、また経の部に約せば、華厳の別・円、阿含の蔵教、方等の蔵・通・別・円、般若の通・別・円は、それぞれ蔵・通・別が混じる故に方便で、法華の純円が真実である。

妙の一字は、これらの経教が方便不真実であることを決するとともに、このすべては妙の一字より種々の機根に対する方便として出生したものであり、したがって法華経以外の諸経の教・行・人・理は、法華経から開かれたところの所開であり、それらはことごとく法華経の体内に帰するのが能開の意義である。題目は、このすべてを含む故に、唱題は一切の経教の功徳を具えるのである。

十六、具の義

妙とは、具の義と示される。法華経方便品に、

「欲聞具足道（具足の道を聞きたてまつらんと欲す）」（法華経九七ページ）

とあるように、具足の意義が法華経の真髄である。古往今来の宗教哲学において、その一切は神が人間や万物を造ったと言い、また仏教でも、方便教は心があらゆるものを造り、生ずると言う。この造や生の哲学宗教は、絶対の真理ではない。それは、万物が具の義によって存在し、生かされているからである。

一心は即、一切の事理を具えるとの一念三千を道破した方は、法華経能説の教主釈尊と、法華経流通の正師天台大師および伝教大師と、その根本の久遠元初の妙法を顕された日蓮大聖人のほかには存在しない。我々は、その妙法を唱える時のみ、一心に一切を具える尊い功徳が存する。

故に、その時と因縁に応じて不思議なひらめき、霊感を受け、種々の生活上の功徳を得るのである。

十七、妙とは蘇生

「妙とは蘇生の義」（法華題目抄・御書三六〇ジペー）

と説かれる。四十余年の方便経においては、二乗は無余の涅槃に入って、その身が灰となり、その智が滅すれば心をも滅するのであり、迷いの凡夫は仏に成ることができても、二乗だけは仏に成れないと示されている。

しかるに、法華経において初めて、二乗の成仏が許される。これは死者が蘇（よみがえ）る義であり、妙法の唱題には、このような大功徳が具わっているのである。

十八、四句の要法

法華経神力品において、釈尊は、

「以要言之。如来一切所有之法。如来一切自在神力。如来一切秘要之蔵。如来一切甚深之事。皆於此経。宣示顕説」（法華経五一三㌻）

と説かれた。これは一代聖教のすべてを総括し、これを四句の要法に結んで地涌上行菩薩等に付嘱をされた経文である。

「如来一切所有之法」とは妙の名を明かし、「如来一切自在神力」とは妙の用を明かし、「如来一切秘要之蔵」とは妙の体を説き、「如来一切甚深之事」とは妙の宗を説き、「皆於此経。宣示顕説」とは妙の教を説いている。一代仏教のすべての道を五つに括ったのが名・体・宗・用・教の五重玄であり、その法体は、ただ妙法蓮華経の五字である。一代五十年の教法も、法華経八巻も、この要法を説くためであり、この五字に含む意義と功徳は計り知れない。したがって、題目の五字・七字を持ち、唱える功徳も絶大なのである。

十九、内証の成仏

法華経の教えによれば、一切衆生は必ず仏性を具えている。この仏性とは、妙法蓮華経である。この妙法の原理は、一切衆生に、また天地法界の一切に通じている。故に『法華初心成仏抄』に、

「一度妙法蓮華経と唱ふれば、一切の仏・一切の法・一切の菩薩・一切の声聞・一切の梵王・帝釈・閻魔法王・日月・衆星・天神・地神・乃至地獄・餓鬼・畜生・修羅・人天・一切衆生の心中の仏性を唯(ただ)一音に喚(よ)び顕はし奉る功徳無量無辺なり」（御書一三二〇ジペー）

と説かれるように、題目を唱えれば、一切衆生の仏性が皆、呼ばれて集まるという不思議な徳が生ずる。また同時に、我が身の仏性が、その功徳によって法・報・応の三身として顕れる。これは、眼・耳・鼻・舌・身・意の通常の六感の意義に覚知できなくとも、心の奥底の鏡に仏が浮かび出でられている。この当体が内証の成仏である。

二十、三惑能転の功徳

寿量品に、

「擣簁和合」(法華経四三六ジペー)

と説かれるように、妙法の題目は、釈尊一代五十年の教法をすべて擣き簁い分け、これをまとめて妙法という良薬に丸じられたのである。この良薬の効能は莫大であり、病者が自分の病も知らず、また薬のなんであるかを知らなくとも、良薬を服せば病が癒えるように、妙法を信じ唱えれば、見思・塵沙・無明という一切の煩悩が同時に転じて、我々に本来具わる法・報・応三身の仏徳が磨かれるのである。これには、信の一字こそ肝要であり、このように妙法の徳は無限なのである。

二十一、増善改悪の徳

妙法蓮華経には、あらゆる経々の功徳が具わるのである。譬えば、大綱を引けば、それに付随する網の目がすべて動くように、また衣の角を引けば、付属の糸筋がそれに引き寄せられるように、妙法信仰の一行に、あらゆる功徳と善根が動き顕れる。

つまり、人々の行いには善や悪があるが、善の行いにはいよいよその功徳が増し、悪の行いには反省や改悟の切っ掛けが色々な形で生ずるのである。妙法を正しく受持する人は、この不思議な心の動きをよく留意できるのである。

二十二、唱題体達

すべての存在には、そのものを顕す名が付いている。仏の深く広い無限の内容を具える根本の悟りにも、それを顕す名前が説かれている。それが南無妙法蓮華経である。名があれば、そこには体、宗、用があり、教がある。この題目には仏の広大な悟り、すなわち人生万般の道理、法界の真理が具わるので、妙法を唱えればその体に達し、自在の徳を得ていくことができる。故に、自らも信をもって唱えるとともに、他の一切の人々にも題目を唱えることを勧めることが大切である。

二十三、生死を正しく解決する大道

生と死ということを全体的、客観的に見て、聖者がこれを示されるとき、世の中のすべては生死の二法であると説かれる。天地、日月、五星より、あらゆる十界の存在がすべて生死の二法である。生死とは、詳しくは生・住・異・滅で、すべての存在は生じ、存続し、変化し、消滅するのであり、日月も永遠の時間のなかで例外ではない。しかし、我々の生死の主観的立場から言えば、生についても、死についても、そのなかで色々な苦しみが多く、行く先の安定が得られず、死についても、それがどのようなもので、その先がどうなっていくのか解らないところに不安や恐れがつきまとう。また、仏教の因縁果報の法則によれば、生まれる前や生存中の様々な善悪の行為の報が、死の時の一念に現れると言う。故に悪報は、その程度によって地獄、餓鬼、畜生等の拙い果を感じ、善報もその程度により、人間、天上乃至、仏、菩薩の一念を感じ、そこへ生ずると言う。しかし、これは一往の善悪の果報である。

大聖人は、この意味をことごとく含み具える法界全体の命を妙法蓮華経と示され、衆生の生死の一大事とは、仏の最高の悟りである上行付嘱の法体の妙法を受持し、唱えることであり、そのところにすべての生死の苦難より救われる唯一の道があることを示された。

これは、妙法蓮華経があらゆる差別と平等を貫き、すべての善悪を超越した大善の法であり、天地法界のすべてに通ずるので、このような広大な利益を得るのである。故に、本門の題目は生死を正しく解決する大道である。強盛の大信力を出だして南無妙法蓮華経を唱え、臨終正念と祈ることが、生死一大事の血脈である。

二十四、異体同心

日蓮大聖人の弟子檀那は等しく、この上ない妙法という大正法を受持信仰しているので、他の世間の無信仰の者や種々の邪法を信ずる者達が、常に異見・異論を生じ、互いにせめぎ合っているような姿ではならない。妙法を信ずる者は、自己と他人とを区別したり、彼と此(これ)とは異なるとの考えを捨てて、水と魚が一体であるように相和(あいわ)し、身体は異なっても妙法を持つ心は同じであると深く心得、南無妙法蓮華経と唱えることが生死一大事の血脈、すなわち成仏の直道である。異体異心が原因となり、異なった見解や分け隔ての心で争いを生じたり、その罪業によって、生の時は悪業を積み、死の時は断末魔の苦が来たって、悪道に堕すのである。要は、一同が異体同心の功徳により成仏を遂げうるのであり、これが生死一大事血脈の実践である。

二十五、題目の実践

本門の題目は、寿量文底秘沈の大法である御本尊に向かい奉り、信と行の意義において実践することである。その理由は、本門の本尊・題目が三世十方の仏の師範と仰ぐ根本法であり、一切衆生が仏と成る唯一の道だからである。

南無妙法蓮華経ばかりを唱えるから、他の方便の教々に比べて狭いようであるが、その意義内容は、天台、伝教の弘めた迹門を面（おもて）とし、本門を裏とする法華経より、はなはだ深いのである。故に、未来永劫に成道の功徳を成就することを信じて、唱題を行ずることが肝要である。

二十六、不断煩悩・不離五欲・得浄諸根・滅除諸罪

南無妙法蓮華経には、すべての教えと行の真理が具わっている。人々の命は必ず、時が至ればば生から死へ転変していく。そして多くの人は、この変化に苦しんでいる。これは人々が、生死について苦の一面のみを見ているからである。真実の我々の命は、空理の平等と、仮理の差別相と、そのすべての徳を包含する不思議な中理の当体なのであり、題目はその全体の正理を表している。故に、題目を信じ唱えていくことで、一面のみの狭い見方が、いつの間にか、この身に即して法界全体の理を感じ取り、生死はそのまま涅槃と悟る境界になるのである。

また、我々が常に悩むのは心中の煩悩であるが、一般の人々はその内容も知らず、その種類の意味も知らず、全くの無知である。これは大きく三つに分かれている。有(う)に執われて空(くう)を知らない見惑・思惑と、空に執われて仮(け)の無量の因縁相に暗い塵沙惑と、空または仮に執

われて法界全体を含む中(ちゅう)の理に迷う無明惑である。

しかるに、この一つひとつを破るのは容易なことではなく、過去の声聞・縁覚・菩薩等の聖者も、この煩悩の解決に無量の時を費やしている。故に、この一つひとつを徹底して消滅することは、現代の人々には絶対に不可能である。

しかし題目は、この三つの惑いを破す空・仮・中の真理の体そのものであるから、ただ本門の本尊を信じて南無妙法蓮華経と題目を唱えるとき、おのずと心中の色々な迷いが浄化されてくる。そこに普賢経の、

「煩悩を断ぜず、五欲（眼・耳・鼻・舌・身にまつわるあらゆる欲望）を離れずして、諸根を浄(きよ)め、諸罪を滅除することを得」（法華経六一〇ジペー）

という功徳が生ずるのである。この道は、ただ題目修行の一行にのみ存するのである。

二十七、諸天善神の守護

南無妙法蓮華経と唱える者は、法華経の行者である。その者が、心が不実であっても、智慧がなく愚かであっても、また種々の不浄な行いがあっても、諸々の戒による徳がなくとも、題目を堅く信じて唱える者は必ず菩薩、諸天、十羅刹等が、法華経の恩徳を報ずるために守護されるのである。

二十八、末法流通の正体

御書中において「題目の五字・七字」という語は、御本尊の法体を示すところと、題目という修行を示されるところがある。『観心本尊抄』の、

「但し彼は脱、此は種なり。彼は一品二半、此は但題目の五字なり」（御書六五六ジペー）

との御教示は、その文の上からは、在世と末法の種脱の違いを判じている。また義の上からは、この題目とは末法流通の正体を示し、意の上からは観心の本尊を結成する文である。題目を実践するときは、この御本尊を信じて南無妙法蓮華経と唱えるのである。

二十九、一念三千の妙法

　方便品の十如実相は、法界中の地獄界より仏界までの十界と、その住処のすべてが、妙法蓮華経の五字の姿であることを顕している。十如は、十界万物の存在と活動の法則を示したもので、それが差別であるとともに平等であり、差別する十界の一々に他の一切を具える。そこで十界が百界となり、これに十如を具えるから、百界は千如となる。それに五陰世間・衆生世間・国土世間が具わるので、三千の数量となる。この三千の内容は、法界の無限の相・性・体である。この体の本質は妙法蓮華経であり、下種本門の本仏日蓮大聖人の大慈大悲により御本尊と顕れ給う。御本尊に向かい題目を唱えるとき、その修行者の境遇に応じ、その一念におのずから法界三千を具える自在の用きが積まれるのである。

三十、御本尊の体用

末法に上行菩薩が出現し給うことは法華経本門の経々に明らかであるが、その出現は法体の妙法蓮華経を弘めるためである。故に、能証の智と所証の境、人と法が一体であることを示されるために、御本尊の法式として中央に南無妙法蓮華経と顕され、その直下に日蓮と示されてある。これは、南無妙法蓮華経が体の本仏であり、その御本尊を顕し給う日蓮大聖人の証(さと)られた法であるから、首題直下の日蓮の御名は全く同体であることを示すのである。しかして、釈迦・多宝は用(ゆう)の仏、すなわち迹仏であり、これら十界は本仏南無妙法蓮華経のなかにおいて、それぞれに具わる意義と用きを顕す尊形(そんぎょう)である。故に、題目を唱えるとき、本仏の体とその所具の一切の仏性が呼び起こされるのである。

三十一、地涌の菩薩の因縁

大聖人は、末法において妙法蓮華経を弘め唱える者は、男女共に地涌の菩薩の出現であると仰せられている。しかしまた、末法は釈迦仏の化導の仏縁による本已有善の衆生は消滅し、仏法に縁のない本未有善の衆生のみが生ずる時であるとも仰せである。この違いを、どのように拝すべきであろうか。

これは、久遠元初よりの下種仏法の因縁と、久遠本果よりの脱益仏法の因縁が異なることによる。初めは本未有善として全く仏法に縁のない末法の衆生が、妙法を受持し、題目を唱え、折伏を行ずるとき、地涌の菩薩の命に生まれ変わる。したがって、久遠以来、妙法を行ずる清浄な地涌の徳がそのまま、その者の命となり、久遠以来の妙徳が生ずる。これが、妙法の不思議な功徳なのである。

三十二、障魔の克服と守護

末法の人々の周囲には、その人を不幸に落とそうとする、あらゆる障魔が存在する。得体（えたい）の知れない地獄、餓鬼、畜生のようなものの幽霊が取りついて障（しょう）碍をなしたり、また過去の障りが病魔として表れたり、現在の心のなかの迷いが障魔として出て、あらゆる苦痛と不幸が生ずる。また、人間関係の上からの怨憎会苦（おんぞうえく）に悩まされることもある。

しかし、大聖人は南無妙法蓮華経を「師子吼（く）」と仰せである。師子があらゆる獣（けもの）を恐れないように、信力を強く持ち唱題すれば、あらゆる苦難と障りを消滅し脱却する。これは、妙法受持の人に対し法華経を護る法界の生命、鬼子母神、十羅刹女等が守護するのである。

三十三、三身相即の大漫荼羅

日蓮大聖人は、古今未曽有の法華経の行者、上行菩薩の再誕、内証久遠元初自受用身であらせられる。その御魂は、本仏の魂である。すなわち、法身に境智冥合する智慧の報身である。また、その魂を墨に染め流すと仰せられるのは応身であるが、それはそのまま三身が相即されている。大漫荼羅は、下種本仏の三身相即の当体であるから、これを信じ、余念なく題目を唱えるところ、無作の法身・報身・応身の功徳に冥合する。これが、即身成仏の要諦である。

三十四、信により妙法一体を成ず

およそ妙法蓮華経とは、仏の真実の悟りである。その悟りの内容において、法界のなかの十界とその住処のすべてが妙法の全体と説かれている。しかし、この迷悟の区別は、妙法の理に染法と浄法があり、それが事相において、染法は薫じて迷いの衆生となり、浄法は薫じて悟りの仏界となる。この仏界の悟りが妙法蓮華経の全体の境界であるが、現実の衆生には迷悟の相として表れている。しかして、この迷悟は、そのまま全体が法性、すなわち妙法の一理と示されるのである。

故に、妙法蓮華の実教を信ずる人は、すなわち当体蓮華の妙体となるが、妙法を信ぜず因果の正しい道理に反する権教や、仏教外の外道を信ずる者は、妙法蓮華の当体でないと指南されている。迷悟は法性の一理と述べられていることからすれば、妙法を信ずる者も、信じない者も、すべて法性の一理のはずである。それならば、信も不信も区別はないと言えるのではなかろうか。

この疑問について会通すれば、迷悟の全体が法性の一理というのは、あらゆる存在の基本としての真理において一体と言うのである。一理の語が明らかに、これを示されている。しかし、現実の十界に差別する因果相は、理ではなく事実の姿である。これを理に対し、事相と言う。この現実相よりすれば、権教や外道教の信者は妙法を信じないので、妙法の体とはならない。すなわち、九界に偏執する迷いの体の故である。

実教の妙法を信ずる人は、仏の真の悟りとしての妙法蓮華経と一体となるから、その当体が妙法蓮華と顕れる。その身心、すなわち仏である。しかし、また妙法を信じても、信が徹底せず、種々の疑いを残す者は、悪縁によって迷いを生じ、当体蓮華の尊い境地より転落する。故に、信力を強盛に持ち、真剣に題目を唱えることが肝要である。

三十五、文底の成道の相

本門の題目の利益は、仏法と世法の一切にわたるが、大聖人の御書では当然、仏法乃至、仏法上の表現による指南が多く拝される。衆生には、迷いの元となる煩悩、また、それによって行う諸々の作業と、その業の報いによる種々の苦悩がある。いわゆる煩悩・業・苦の三道で、これが衆生の三世にわたる迷妄の姿である。しかるに、邪宗の方便教を捨てて御本尊を信じ題目を唱える功徳により、煩悩は般若の智慧と転じ、業は解脱の身としての清浄な相と転じ、苦は法身の徳によって真楽と転じ、これら迷妄苦悩の境界より免れると示される。

さらに、境智冥合の深義では、末法出現の本因妙の教主日蓮大聖人は無作の応身・法身・報身の三身を具え給う、凡夫即極の無作三身であらせられる。我らが人法体一の御本尊に題目を唱え奉るとき、因果一如の妙因妙果の故に、我々の身が妙法信受の力用により日蓮大聖人と顕れる。また、本門の本尊は本地難思境智冥合、本有無作の当体蓮華の仏である。因果一如の故に、我らが妙法を信受する力用により、我らも本門の本尊、本門無作の当体蓮華仏と顕れる。これが、文底の成道の相である。

三十六、当体蓮華の証得

本門の題目を唱える重要な意義内容として、当体蓮華の証得という『当体義抄』の指南が存する。当体とは、譬喩に対する語である。『玄義』巻七に、蓮華と仏法の譬えについて、一往は譬えによって経題の義を顕すと示される。すなわち権実の法門は、これを説き顕すのが難しいので、譬えを華草の蓮華に借りて経題を標すると述べている。しかし、再往は蓮華は譬えではなく、直ちに妙法当体の理であるとしている。すなわち、

「今蓮華の称は是れ仮喩に非ず。乃(すなわ)ち是れ法華の法門なり。法華の法門は清浄にして因果微妙なり。此の法門を名づけて蓮華と為す。即ち是れ法華三昧の当体の名にして譬喩に非ざるなり」(玄義会本下一八二ページ)

と示し、さらに蓮華とは、法の蓮華か、華草の蓮華かの問いを構え、

「定めて是れ法の蓮華なり」(同一八三ページ)

と断じている。

故に当体蓮華とは、妙法が直ちに蓮華であり、その当体そのものである。

大聖人の弟子檀那となり、正直に権教諸宗の邪法邪師の邪義を捨て、正直に正法正師の正義を信ずるとき、難解な妙法蓮華をおのずから証得し、仏果を成ずる。依報と正報は一体であるから、その住処は常寂光となり、その正報である衆生に、不思議な妙法蓮華の当体を現ずる。故に、あくまで信心に徹して御本尊に向かい、唱題を励むことが大切である。

なお、譬喩の法門では為蓮故華、華開蓮現、華落蓮成の本迹六譬や、十如実相による蓮華の相貌、その他、多くの法門が説かれているが、ここでは省略する（詳細は『妙法七字拝仰』下巻九四㌻～二一七㌻、「蓮華」の項を参照）。

三十七、地涌出現と功徳

妙法蓮華経の題目を唱える心地として、日蓮大聖人の三大秘法が末法万年のほか、尽未来際まで永く流布する大法であり、これは本来、仏意に基づくとの確信を持つことが大切である。法華経薬王品には、

「我が滅度の後、後の五百歳の中に、閻浮提に広宣流布して、断絶せしむること無けん」

（法華経五三九ページ）

と説かれている。この法華経の主体は、地涌の上首上行菩薩の出現である。法華本門の初めの涌出品において、

一、聞命のため（弘教の命(めい)を聞くため）

二、弘法のため（法を弘めるため）

三、破執のため（在世の衆生の釈尊に対する強い始成正覚の執着を破すため）

四、顕本のため（釈尊の本地を顕すため）

との四の理由により地涌上行菩薩は出現し、釈尊より結要付嘱による四句の要法の南無妙法蓮華経を受けられた。この上行菩薩が末法に日蓮大聖人と出現し給い、下種の妙法を弘通されたのである。その法体は、仏法の全体を総括する妙法蓮華経であり、故に妙法を唱えるとき、その功徳が現前するのである。

三十八、行者一身の宝塔

南無妙法蓮華経と唱えることは、あらゆる五千・七千の経典のなかで、最上・最高である法華経の意義と功徳を直ちに我が身に呼び顕すことである。法華経の会座に出現されて、妙法蓮華経の皆是真実を証明された多宝如来の宝塔も、その悟りの妙法が色法として現れ、涌現の宝塔となったのである。この宝塔は地・水・火・風・空の所成であり、妙法の功徳によってこの五大が、色法の最上の尊形である宝塔の形として現れたのである。法華経の行者の一身も地・水・火・風・空の五大、すなわち妙法蓮華経であり、妙法を受持するところ、色法において最上・最尊の宝塔の功徳を成ずる。故に、修行者の一身は直ちに宝塔となり、その心地の内証において、あらゆる罪業の苦悩を離れ、おのずから清浄安楽となる善業が成就する。これは、行者が題目を唱えるとき、法華経の根本精神と一体となり、その内証が即身成仏するためである。したがって、唱題のところ、無量の功徳があるとの信力をもって題目を唱えることが肝要である。

三十九、広宣流布の大確信

大聖人は『撰時抄』に、日本乃至、世界中の人々が一同に南無妙法蓮華経の題目を唱え、広宣流布することを、大確信のもとに述べられた。今、正法の寺院・布教所が日本乃至、世界各所に建立され、担当指導教師を中心に国内外の信徒が信仰に励み、題目を唱えている。すなわち、着々として大聖人の御金言が実現を始めつつある。末法は万年妙法流布の時代であり、この清浄の大法を持ち広宣流布する者は、我ら日蓮正宗の僧俗である。我らは、この大聖人の御金言を拝し、絶対の信力をもって唱題し、折伏に邁進すべきである。

四十、題目弘通の根本

我らが唱題を行う根本として、大聖人の万古不滅の御金言が存する。すなわち『撰時抄』に、

「南無妙法蓮華経と一切衆生にすゝめたる人一人もなし。此の徳はたれか一天に眼を合はせ、四海に肩をならぶべきや」(御書八四五ジペー)

との仰せである。大聖人が、法華経に予証されたあらゆる大難を受けつつも、不退に題目を弘通あそばされたから、我々が今日、題目を唱えることができるのであり、また、この唱題によってのみ、即身成仏の大果を得られるのである。その最初に南無妙法蓮華経を唱えよと、一切衆生に勧められたのは、ただ日蓮大聖人御一人におわします。

故に、この絶大の徳は、世界中において対等に眼を合わせる者はなく、また肩を並べる者がないのである。この大功徳を、我らは仰ぎ拝し、絶対の確信を持って唱題・折伏をすべきである。

四十一、唱題は曲がった心を正す

法華経は一代仏教の中心で、題目は法華経の肝心である。故に、題目は一代仏教全体の肝心でもある。題目は、自らも唱え、他の人々にも勧めることが大きな功徳を積むのである。人々の心は、様々な過去からの罪業と、現在持つ多大な煩悩で歪曲している。それは、あたかも曲がった木のようなものである。その曲がった木も、まっすぐな墨縄(すみなわ)を打てば建築の材料として使えるように、曲がった心は題目の功徳によって、自然にまっすぐになる。それには、法華経に説かれてある不思議な功徳を信ずることであり、経の説くままに素直に信じて唱えることにより、曲がった心もまっすぐになっていくのである。題目は仏の心がそのまま顕れているから、無心に唱えるとき、その心がおのずから衆生の心に入るのである。題目の尊さを心奥に銘記することが肝要である。

四十二、安楽境地の具現

題目を唱えていくことによって、おのずから現在世が安穏になり、未来世が善い境遇になるという御指南がある。現世が安穏になることは、一にかかって心の安らかな状態が続くことである。

一切の人々は、心が色々なことに迷う故に、心に安らぎがない。妙法受持により、現世が安穏になると断定すれば、そんなことがあろうかと反論する人も多いであろう。しかし、人の心には、まず求不(ぐふ)得苦の悩みがある。欲が深ければ深いほど、求めてしかも得られない苦しみは大きい。あらゆる人が、なんらかの欲求による現状不満足の悩みを抱えているのは事実である。また、愛別離苦という、愛する親、兄弟、妻子、眷属に別れる苦しみや、怨憎会(おんぞうえ)苦という、我れに怨(あだ)する憎むべき者と会う苦しみも多く、時と境遇の移り変わりによって色々に現れる悩みがあることは、万人に共通している。そして、生命は心と身体によって出来ているが、この結合によって「おれが」「私が」という我意識が存する。この我が基となって、あらゆる欲望が焔のように燃え上がる。これが身心の欲望の熾盛な用きによって生ずる五陰盛苦で、すべての苦悩を惹起するのである。このように、我々の身心、特に心は悩みの元である。この不満足を解決しようとして、人々はあらゆる工夫や策略を練って種々のことを実行するが、それが次から次へと新しい苦悩を生むに至る。これは全体の融通性に暗いためで、小我の無智な凡夫の身心に執われているから、結局、正しい解決がつかないのである。

この苦悩の解決には、広大にして根本的な法理を具える題目を信じ、また行ずることが肝要である。その法理の相を詳しく言えば、我々の身心は本来が尊く、不思議なのである。その不思議とは、無智な凡夫の到底、考えられないことであるが、しかしまた、これに三つの真理の大存在がある。

その一は、我々自身が絶対空という真理である。その二は、内的原因と外的な縁、つまり無量の因縁によって、仮りに我という身心が現れているところの仮の真理である。その三は、右二つの真理の一方に片寄らず、その両方を含み具える中という真理であるが、この三は相対的な各別の存在でなく、その一々に他の二が宛然として具わる、絶対の三即一、一即三の円かな法理である。これは、あらゆるものに無限の意義と値打ち、すなわち自由・平等・尊厳が具わることを示す故に、限りなく尊いのである。この法理は、一切衆生の身心と、それによる存在と生活におのずから具わっているから、我々の身心は本来、絶対に円満そのものであり、すべてを正しく照らす智慧と不動の徳と、様々な部分的に派生する善や悪を包含する大善の体なのである。

この大法理が、各々におのずから具わるにもかかわらず、人々はこのことを全く知らず、ただ小さな自我による目前の欲求のみに執われている。この大法理を、一言にして顕した教法が南無妙法蓮華経の五字・七字なのである。妙法の広さ、大きさ、深さは凡智で到底、計り知ることはできない。しかし、妙法を信じて題目を唱えるところに、この法理の体はすなわち我が身であるから、妙法の尊い真理・価値の内容のすべてがその身心によみがえるのであり、求めずして安楽な境界が自然に現れるのである。人生百般のあらゆる種類の苦悩も、この妙法全体の真理のなかに存在しているから、色々な理論や理屈の説明による納得で知りうるものでなく、繕うことのない、ありのままの身心において、無作という融妙不思議な安らぎと、善悪を正しく思いきる尊い自覚が現前する。

しかし、ただ心に妙法を観念するだけでは、具体的、実質的な妙果は得られない。すなわち、妙法の実体を的として、声を出して題目を唱えることが肝要である。この妙法の体とは、久遠より妙法を所有あそばす下種本仏日蓮大聖人の大慈悲により顕された大漫荼羅御本尊である。この御本尊を的として信じ行ずることで、妙法の功徳が確立する。故に、一切衆生は南無妙法蓮華経と唱えることにより、真の安楽がある。この安楽の心地をもって、各々の与えられた境遇で生活するとき、悠々として行住坐臥を楽しむのは、この世界が妙法の世界と達して、そのなかで遊び暮らすこと、すなわち遊楽の生活である。大聖人の御金言に、

「一切衆生、南無妙法蓮華経と唱ふるより外（ほか）の遊楽なきなり」

（四条金吾殿御返事・御書九九一ページ）

と、法界の一切を貫く絶対の御指南を拝する。これは、我らの心は知らなくとも、その一念は法界全体に通じているので、あらゆる功徳を享受する一念三千の仏因仏果が生まれる。凡

夫そのままで、なんら作ることなく、その身心を仏の体と用きとして、受け用いるのである。そこにまた、おのずから後生善処の福徳も具わる。すなわち、どのような苦しみも楽しみも、それを素直に受けつつ、また執われずに南無妙法蓮華経と唱えるところ、すべてを超越しつつ、現在をそのまま大楽として受け用いる境界である。これが自受法楽の凡夫即仏の自行であり、また、これが必ず化他折伏の行に至るのである。

四十三、差別即平等・平等即差別

南無妙法蓮華経の大真理は、法界全体に遍満する。したがって、題目を唱える功徳は、何人(なんぴと)においても全く等しい。これについて大聖人は、智者も愚者も、

「更に勝劣あるべからず」(松野殿御返事・御書一〇四六ページ)

と教示され、それは、愚者の持つ金(こがね)も智者の持つ金も、愚者の火も智者の火も、その差別はないのと同じであるという譬えである。たしかに差別はないが、これを使用する場合、智者と愚者の違いが生ずる。智者は、現在と将来に備えて正しく意義ある活用をするが、愚者は、先行きも考えず無駄に費消したり、自他が迷惑するような使い方をする。これを仏法の本義から見れば、法華経の心に背いて唱えるのは愚者であり、法華経の心に順(したが)って唱えるのは智者であって、そこに差別が存するのである。

法華経の心によって唱えるとは、仏の大慈悲を深く信じ、自他異体同心にして自行化他、

法華経の正義を増長することである。これに対し、法華経の心に背くとは、色々な形で謗法退転の姿があるが、その因となることにつき、法華経譬喩品に十四誹謗が説かれている。これは、一に憍慢、二に懈怠、三に計我(けが)、四に浅識、五に著欲、六に不解、七に不信、八に顰蹙(ひんじゅく)、九に疑惑、十に誹謗、十一に軽善(きょうぜん)、十二に憎善、十三に嫉善、十四に恨善であり、さらに、

「此の十四誹謗は在家出家に亘(わた)るべし、恐るべし恐るべし」(同ジペー)

との大聖人の御指南が拝される。法華経を持つ者は仏であり、これを謗ずれば罪を得る。互いの仏界の功徳を尊重し、唱える題目の功徳は「釈尊の御功徳と等しい」と仰せられている。この誹謗の行為は、右十四誹謗のなかの第一の憍慢、すなわち憍(おご)り高ぶる心が基をなすのである。この憍慢が原因となり、他の十三誹謗もことごとく行うようになる。正信の僧俗は、この原因をはっきり見定め、正しい自行化他の題目を行じなければならない。

四十四、余念のない唱題

題目を唱える御指南のなかに、

「但余念なく」（松野殿御返事・御書一〇五一ジペー）

という語を拝するが、「余念なく」とは、謗法の念慮はもとより、色々な雑念・妄念なくということである。すなわち、仏法の教えにおいて、修行の中心を三つに括られている。いわゆる戒・定・慧である。これを下種本仏日蓮大聖人の三大秘法においては、その根本の意義より、本尊は虚空不動定、題目は虚空不動慧、戒壇は虚空不動戒と説かれる。題目は御本尊に向かって唱えることが正意であり、いずれも「不動」と示されているので、基本は心を御本尊に集中し、一切の余念なき状態で唱えることが理想である。これは、戒・定・慧のうち、特に定を中心とする心地である。

しかし、末法の凡夫は常に様々な雑念・妄念に執われているから、唱題の時において、知らず知らず貪・瞋・癡・慢・疑の心や、生活中の様々な過去の記憶や現在の諸々の問題などが心に浮かぶ。これは「余念なく」の御指南に反するようであるが、これに対し、どのように考えるべきであろうか。

この「余念なく」には、身・口・意の三つがある。信心により御本尊に向かい、口で妙法を唱える時、心はあれこれと種々の雑念が起こっても、口に題目を唱える以上、口の在り方は「余念なく」に通ずる。身体もきちんと合掌していれば、口と同じことになる。遠い過去からの癖で、すぐ雑念が出る人も、身・口・意三業のうち、身と口が余念ない形であるならば、それを絶えず続ければ、残る意も次第に「余念ない」状態になっていく。ある時は雑念が起こっても、また、ある時はいつの間にか素直な心で御本尊に集中して題目を唱えている自己を感ずる。かくて、自然に余念なく題目を唱える行が進むところに、大きな根本の定の功徳が現当二世に広がるのである。また、正しい願いであれば、その成就を真剣に祈って唱題するのは、雑念でなく正行である。

四十五、臨終の正念

信心唱題を行い、信仰生活をなす在家の方々にとって大切なことは、下種三宝に対する御報恩である。その具体的な形としては、大聖人の御指南として、僧を供養することと、未入信・邪信の者に大聖人の仏法の正義を語り、折伏を行ずることである。法門の理を知らなくとも、信心を随喜する心、有り難いという心があれば、その信仰と体験の一分を話すことは、だれでもできるのである。

さらに、人間および生物は必ず、生・住・異・滅、生・老・病・死の法則によって死が訪れる。

その死に対して、どのように対処すればよいか。妙法の信心のない人間は、どこにもない阿弥陀仏の世界を念ずるなど、自分で様々な工夫をするが、結局、確実な道は解らない。しかし、常に題目を唱えている人は、その題目の境界そのものが臨終の正念である。生の時は生の遊楽、死の時は死の遊楽が開かれる。故に、真剣に唱題する人は、自然に生・老・病・死の解決を正しく行ずるのである。

四十六、無量の戒徳を収める

妙法蓮華経を受持するとき、おのずからその身は、戒において無量の功徳を収める。戒とは防非止悪の誡めで、不殺生・不偸盗・不邪淫・不妄語・不飲酒（おんじゅ）の五戒をはじめとして、あらゆる悪を誡め、善を行うことであり、人間道徳の基本である。ただし、この戒の相に根幹と枝葉があり、時代と機根と国土環境によって、教えの大小の変わり方は一様ではない。特に末法の現代は、枝葉繁雑な小乗の二百五十戒、五百戒等は、かえって有害無益となる。本来の戒・定・慧の教法を、その浅深より見るとき、時代的順序とは逆に、大乗は小乗より深く、実大乗の法華経は権大乗より深く、法華経中、本門は迹門より深く、寿量品文底の本因妙は文上本果の本門より深いのである。そして仏教伝道の表れ方は、まず華厳経の高次なあてがい（擬宜）の法義が開かれたのち、浅い法が化導上に表れ、その後、次第に従浅至深して仏法の正意が開かれたのである。したがって戒も、それぞれの教えの高低に基づいて能開・

所開の関係がある。小乗の戒は大乗より開かれ、大乗の戒は法華経より開かれ、法華経の戒は本門より、本門の戒は文底本因妙の根本戒より開かれる意義を持つ。

末法は、根本の寿量文底本因妙の妙法が出現し弘まる時期であるから、戒も枝葉の大小の諸戒を持つことは有害無益であり、本因の妙戒のみが根幹である。この根本戒に一切の諸戒は含まれているので、社会の常識である人倫道徳の諸戒は、おのずから踏み行う意味がある。

本門文底の妙法蓮華経は一切の諸仏の万行万善を総括し、一切の戒の徳が収まっているので、これを受持する防非止悪の徳は無量である。この一切具足の妙戒は、行者が浄心をもって受持を誓うとき、その者に永劫不変の戒徳の体を生じ、自ら破ろうとしても破れることはない。ただし、この妙法の法体に背く者は、その罪業によって無量の法罰、仏罰を生じ、長く地獄乃至、三悪道に苦しむが、長劫ののち、その罪を滅して、初めに受けた戒体の功徳によって成仏する。三世の諸仏はすべて、妙法の戒を如実に持つことにより仏と成られたのである。この根本の戒は妙法の受持と謗法を厳誡することであり、すなわち入信して戒を受ける時の文義がそれである。

四十七、自然の証得

南無妙法蓮華経と唱えて、しかもその意義は全く知らない人が唱えるだけでも、その義を理解するほどの功徳があるのかとの問いについて、小児が乳を含むのに、その乳の成分や味を知らなくとも身を成長する益があり、また良医の薬も、その訳柄（わけがら）を知らなくとも飲めば病が治癒するように、題目も信じて唱えれば功徳を得るとの大聖人の御指南である。その意義を拝するに、このような巧（たく）まずして大功徳を得ることは、我々の身心にとって題目は最上の良薬だからである。良薬である所以（ゆえん）は、題目に十界の衆生および国土の一切法界、無限の時間・空間のすべてを含むことより、そのなかの一分である個々の命も、題目の広大な法界の十界互具百界千如一念三千の徳における自由自在の境地を心奥に植えられるからである。それはまた、妙法蓮華経があらゆる教えとその意義の中心であり、その心はすべてに通じている。妙法蓮華経の心より、方便の形や一分の真実の相が小乗・大乗、権教・実教として顕れたのであるから、その意義で諸経を判ずれば、小乗より大乗は勝れ、権教より実教は勝れ、迹門より本門、文上本門より文底本因妙の妙法蓮華経が勝れることが明らかとなる。故に、妙楽大師が『釈籤』巻十に、

「法華の文心を出し、諸教の所以を弁ず」（玄義会本下五九六ジペー）

と言われたのは、右の意義を示すのである。大聖人の、

「妙法蓮華経の五字は経文に非ず、其の義に非ず、唯一部の意ならくのみ」

（四信五品抄・御書一一一四ジペー）

との御指南も、法華経と仏教全体の根本の意が妙法であるとの理由と拝される。すべての徳が妙法に具わる故に、初心の行者はその心を知らずとも、信じ唱えることにより、自然にその意に合するのである。

四十八、妙法受持の位

下種本仏日蓮大聖人の弟子である我ら日蓮正宗の僧俗においての、その仏法上の位について大聖人の御指南を拝する。

宗祖大聖人は、本因下種の題目のみを唱え受持する人が、釈尊一代仏教においての華厳経、阿含経、方等経、般若経等の諸経の蔵・通・別・円の法理を習い修めた聖者や高僧より、その尊い位において、はるかに超過して勝れ、また真言、華厳、律、念仏等の諸宗の元祖達に勝出していることは百千万億倍であると示し給う。普通の見方からすれば、まことに仏法上の常識を超えた断定である。

思うに、この理由は、釈尊仏法中の聖者や各宗の元祖と言われる人々の教法や宗旨が、すべて真実甚深の円の教理に背き、不真不実だからである。また、真実の円についても重々の別があり、権実相対の上の所顕として迹門の純円、本迹相対の上の本門の純円、種脱相対の所顕として文底本因名字の純円があり、大聖人弘通の題目は久遠元初凡夫即極即身成仏の無作の純円である。この教法が超出して勝れる故に、大聖人の弟子として、ただ南無妙法蓮華経と唱える者の仏法の位は、これら権教・権人の歴劫修行や、正しい文証がない方便経によって衆生を誑惑する各宗元祖に比べ、正直無比の実大乗の人である故に、数千万倍勝れると仰せられるのである。

さらに重大な意義が、もう一つ拝される。それは、信心をもって題目を唱える者は、下種本仏宗祖大聖人の弟子という尊い位である。

最高・最上の教法である本因下種の南無妙法蓮華経を、ただ一人、初めて唱え、一切衆生に勧め給うた前代未聞の法華経の行者、末法出現の無作三身如来の御当体、久遠元初自受用の御内証を御本尊に顕し給う大聖人の題目を信行する者は、一分の理解のない者であっても本仏の直弟子である故に、その位は他宗権門の高僧・檀越に対し、弥勝(いや)るのである。また、大聖人の凡夫即極の仏法の功徳を享受して、弟子一同もその身そのまま即身成仏の本懐を成就する。他宗の者には、この即身の功徳を全く欠く故に、それらに勝出することは百千万億倍なのである。題目信行の人々は、自己自身が大聖人と一体となる功徳をそのまま受け、このような仏法最上の位を得る有り難さを自覚し、さらに信行の力を増長したいものである。

四十九、現当二世の秘術

南無妙法蓮華経を唱えて自行化他の信心修行に励むことの理由の一つは、この法のみが唯一、末法現代の一切衆生の機根に適合しているからである。末法の衆生は、釈尊の過去の長い化導に縁がなく、その教えを習ったことのない人々である。故に、現代社会において、小乗教はもちろん、諸々の大乗教についても、それを真剣に生活の規範として学び行じ、目的を達成している者は皆無と言えよう。すなわち、現代人の思想は西洋文明その他、外道の様々な信仰や思想の低級な真理観、倫理観、価値観のなかに埋没し、加えて貪・瞋・癡の三毒充満はいよいよ著しく、このようななかで釈尊の仏教の実体は形骸化している。まさに、白法隠没（おんもつ）の相である。故に、現在存在する仏教各宗や、それの一分をまねて自己流に利用する無数の新興宗教は、本来の釈尊の正しい見解に基づく、各時代に適合した教と機と時に対して説かれた仏教の精神に違反し、矛盾する偽（にせ）宗教である。これらを信じても肝要な仏種はなく、したがって成仏はありえない。末法の衆生には、直ちに各人の仏性を喚起させる仏種それ自体を顕す法が真実の救済となる。すなわち、南無妙法蓮華経である。衆生の持つ迷妄の心と、肉体により起こる様々な迫害・障害・煩悩・業・苦を止(とど)めるには、生命の奥底より仏種を発動せしめる以外にはなく、その仏乗種は、ただ南無妙法蓮華経にのみ存するからである。

顧(かえり)みるに、法華経迹門は諸法実相十如の法門により、法界は円融して九界即仏界・仏界即九界の正理を示されるが、その理を説いた仏は、この土に出現し修行して初めて成仏したのである。その始覚の十界互具の教えには、永遠の実体が欠除するため、その法理は常住不変のものではなく、したがって救済の教えに確実性を欠いている。故に、迹門の教法は、末法には利益がないとして抑止される。本門は、この難を免れている。すなわち、釈尊は久遠の仏身を顕して、始成正覚の難を打ち破り、仏身の常住に伴う十界円融によって無始の九界常住が明らかとなる。九界の常住に仏界が一体となり、無始の仏界の常住に九界が一体となる。この九界仏界常住の悟りは、さらにその根本として、無始の九界仏界一如の本因下種、妙法蓮華経の法体に帰する。これによって在世の衆生は、これまで種々の形相(ぎょうそう)で修行した高貴な仏法上の位を一転して凡夫名字即の位に立ち還り、信の一字をもって本地難思境智の妙法を信解する。そこに、三世流転の苦難が根本的に解決し、凡夫即極の成仏を遂げるのである。これを、等覚一転名字妙覚と言う。

この釈尊の化導は、地涌の出現に伴う言説によって久遠の長寿を示したのであり、在世の衆生は、まず釈尊と同じく自己の常住を悟り、次いで一転して久遠元初凡夫即極の仏身と一体の下種妙法を信解した。したがって、下種の妙法それ自体が、直ちに本門の化導の表面には顕れていない。この相による成仏は在世の衆生であり、それは久遠からの釈尊の化導との因縁によるのである。したがって、在世の本門の法は脱益の利益であり、釈尊と久遠以来の因縁がない末法の衆生には、その仏種が発動する用きをなさない。故に、末法は久遠元初の本仏日蓮大聖人の御化導により、即身成仏の仏種を下(くだ)すところの南無妙法蓮華経のみが、一切衆生の迷妄に起因する、あらゆる障害苦難を止める現当二世の秘術なのである。

五十、余行を交えず

南無妙法蓮華経を唱えることは、唯一の成仏の道である。故に、これに他の方便の教えによる様々のものを交(まじ)えては、良薬に毒薬を混じえることになり、大きな誤りとなる。南無阿弥陀仏とか、南無遍照金剛その他、一切、邪義邪宗の偽(にせ)仏の称号等を絶対に、心にも、口にも、身にも混じえないことが肝要である。

五十一、法華経の肝心の意

南無妙法蓮華経の題目は、法華経一部の肝心である。その理由は、法華経二十八品が説かれたのは、その元が存するからである。釈尊は寿量品において、五百塵点劫の昔の成道を示された。これより顧みると、釈尊がインドに出現し、一代四十余年の諸経および法華経を説かれたのは、五百塵点劫の本果成道を元として、そこより垂迹した立場である。故に、霊山で説かれた法華経二十八品は、久遠より垂迹した化導のなかの利益であり、釈尊の真実の本門の利益は、久遠本果成道の時、指し示すところの本因成道に存するのである。さらに、本門文底の本義においては、本果の奥に本因の修行と最初の仏道証得があり、そこに本源の久遠元初の成道が明かされた。この元初の凡夫即極の仏体を顕し給うのが、末法出現の日蓮大聖人である。釈尊より委託された結要付嘱の法体は、まさにこのところであり、これを下種の三大秘法として顕されたのである。この根本法体の南無妙法蓮華経より、垂迹の二十八品も現れたのであるから、南無妙法蓮華経は法華経二十八品の経題であるのみならず、その根本の肝要法体である。題目に法華一部がすべて具わり、題目は本、二十八品は迹であるから、題目を唱えることは、一部を読む功徳に超過するのである。

五十二、仏法三世の因縁

南無妙法蓮華経を我々が唱えることができるのは、三世にわたる仏法上の因縁と経過があり、その最後に至って、本仏宗祖大聖人により本門の三大事が顕れたからである。

これについて、その因縁の要点を考えると、その一は、法華経の会座で釈尊が本懐とする久遠成道を顕すため、地涌の菩薩が出現された。

二は、この因縁により、釈尊が久遠の仏身を開顕された。

三は、一代仏教を束ね結要した久遠の根本法を、釈尊が地涌の菩薩に付嘱し、滅後の弘通を委嘱された。

四に、末法に大聖人が出現され、地涌千界、特に四大菩薩が出現することを『観心本尊抄』に明記された。この場合、四大菩薩とは、地涌の上首として上行・無辺行・浄行・安立行の四菩薩の出現のようであるが、また四大菩薩は上行菩薩一人に集約されることが本義である。

五に、地涌上行菩薩は、久遠元初自受用報身、すなわち根本仏よりの垂迹身であることが『百六箇抄』に説かれた。

六に『百六箇抄』その他の文書と一期のお振る舞いにより、大聖人が上行菩薩の再誕として結要の大法を解説されるとともに、その法体を御本尊として顕され、その上から大聖人は、一往上行の再誕、再往久遠元初自受用身の再誕であることを示し給う。

七に、これらの深義において、大聖人は、末法出現の久遠元初自受用身の当体としての南無妙法蓮華経より開かれた三大秘法の題目を弘通あそばされた。

以上によって、末法の我々がその施化を受け、本門の題目を唱えることができる。この題目を唱える末法の衆生は、そのまま地涌の菩薩の眷属であり、この深い因縁を知って題目を受持するところに、現当二世得益の意義が存するのである。

五十三、衆生の仏性喚起

妙法蓮華経の意義は十界互具であるから、およそ生ある者、十界の衆生はすべて仏性を有している。しかし、この自らの尊い仏性を顕す方法について、何人(なんぴと)もこれを知ることがない。これは、現実の姿としては全くないのと等しく、世の人々はこの尊いものを自ら有することを忘れている。その結果として、毎日の生活のなかで、地獄・餓鬼・畜生・修羅・人間・天上の六道を巡り、貪・瞋・癡の迷妄のなかで終始しているのが一般である。

この仏性悉具(しつぐ)の妙理を顕すのが、自行化他にわたる題目の実践である。そして、仏性を顕す方法は、題目を唱えることと、折伏をもって他にその功徳を説くことがその道であり、このほかに正しく適切な方途は全く存在しない。また、無量無辺の法界にはすべて妙法の意義が通じているので、題目を唱える時、我が仏性のみならず、法界一切の衆生の仏性も呼び顕している。凡夫の感覚で直ちにその応答は感じないにしても、信行が進めば自在融通の境界が次第に開かれる。すべての衆生の最高の善である仏性を呼び顕しているから、その身に蓄積される功徳は無量無辺である。故に、三世諸仏の仏性は呼ばれて喜び給い、諸天善神の仏性は呼ばれて行者を守る。また、六道悪業の衆生の仏性も呼ばれて、その因縁の近いところより仏性発起の道に至り、特に造作することなく妙徳を生じて、種々の災難や危害を受ける因縁があってもそれを免れるなど、目に見えないところにおいても種々の不思議な利益を生ずる。妙法受持信行の徳は、有見、無見にかかわらず無量であることを信ずるべきである。

五十四、三法妙（仏法妙・心法妙・衆生法妙）

題目の妙の字の意義に、大きく三つの拝し方がある。すなわち、仏法妙・心法妙・衆生法妙である。既に妙法を証得し、法界に自在を得て広く衆生を導かれるのが仏法の妙であり、一切衆生の心法に宛然と妙法が具わるのが心法の妙であり、一切衆生は十界互具するので、衆生のすべてが妙法であるのが衆生法の妙である。故に、妙の義は法界に遍満しており、これをよく把握した聖者が、その時に応じ、機に応じてこの三義を自由自在に、衆生に説き明かされるのである。特に、仏法妙の根本である本因妙の教主日蓮大聖人が、一切衆生を導くため、人法一体、十界互具の御本尊を顕されたのが化導の中心である。

下種本仏大聖人が大慈大悲をもって顕された大漫荼羅御本尊に、仏法妙、心法妙、衆生法妙がことごとく具足されている。すなわち、法界の一切の事理が含まれているのである。この御本尊を信じて題目を唱えよという指南が下種仏法の化導であるから、我らは、我らに具わる心法妙、衆生法妙を活用し、この御本尊のほかに仏に成る道は全くなしと強盛に信じて、妙法を唱えることが肝要である（詳細は『妙法七字拝仰』を参照）。

五十五、胸中の白蓮華

御本尊を信じ奉り、南無妙法蓮華経と唱え奉るとき、我らの胸中の肉団、すなわち心臓を中心とする胸の中に御本尊が入御(にゅうぎょ)まします。凡夫の我らの当体が、御本尊の住処となるのである。このことは、大聖人の御指南であり、我らはただ疑いなく信じ奉るほかはない。また、この時、我らの当体と心は、御本尊の境智の実体である九識心王という明煌々(めいこうこう)の法界全体を体とする真如となる、との御教示である。

我らの日常の生活中の心意識は、眼・耳・鼻・舌・身の五根を統するので第六識と言う。仏教のなかでは心識を深く掘り下げ、六識の奥に七識、八識があり、八識には迷いと悟りを蔵した元の心識があると言う。この七識、八識は、我ら凡夫の通常心では到底、感知できないのであり、普通の人はただ六識による精神生活のなかでのみ生きている。したがって、八識のさらに奥の、法界を体とする広大な九識の存在などは、感知することは不可能である。

大聖人の大慈大悲により、唯信無疑に御本尊に唱題するとき、このような前人未踏の白蓮華の境地を我々の胸中に現ずるのであり、まさしく法界遍満の九識の妙法と自受用本仏の大力用である。故に、信の一字をもって唱題に励むべきである。

五十六、信が根本

題目を唱えることは、必ず信心による。信心とは、御本尊に向かい奉り題目を唱えるとき、成仏決定（けつじょう）と信ずることである。これは信心の厚薄によることであるが、あくまで信力を強く持って精進すべきである。

仏法のなかにはあらゆる行法があり、三十七道品、蔵教の但空（たんくう）、通教の不但空、別教の従仮入空、従空入仮、但中、各教の六度等の広い教行は到底、何人（なんぴと）も一生の間になし終わることはできない。しかし、その枢要は題目に帰するのであり、信が根本である。故に『止観』巻四に、

「仏法は海の如く、唯（ただ）信のみ能（よ）く入る」（止観会本中一四三ジペー）

と説き、『弘決』巻四に、

「唯信能入とは、孔丘（こうきゅう）の言、尚（なお）信を首（はじ）めと為す。況（いわ）んや仏法の深理、信無くして寧（な）んぞ

入らんや」（同一四四㌻）

と示し、同巻一に、

「円信と言うは、理に依って信を起す。信を行の本と為す」（同上六〇㌻）

とある。天台、妙楽の釈も、仏法の修行は信をもって本とする。正法を受持する者は、現当二世にわたり信を根本と心得べきである。

五十七、自行化他

法華経の修行には広・略・要の三種があり、三大秘法の御本尊に南無妙法蓮華経と唱え奉るのは要の修行である。

法華経法師品等には五種法師の修行、すなわち受持・読・誦・解説(げせつ)・書写が説かれている。

「受」とは信力の故に無上難解の法を受け、「持」とは念力の故に持ちて忘れず、「読」とは経を読み、「誦」とは暗誦(あんしょう)し、「解説」とは他のために法華経を説き、「書写」とは妙法五字乃至、二十八品を書き写すことである。二十八品についてこれを行うことは広の修行となり、迹門の中心方便品、本門の中心寿量品についてこれを行うことは略の行となる。

しかるに『御義口伝』に、

「末法白法隠没(おんもつ)の時、上行菩薩御出世有って五種の修行の中には四種を略して但受持の一行にして成仏すべしと経文に親(まのあた)り之(これ)在り。夫(それ)とは神力品に云はく『於我滅度後、応受

持斯経、是人於仏道、決定無有疑』云云。此の文明白なり」（御書一七九五ジペー）

とあり、末法は受持の一行をもって成仏すべしと説かれている。この受持とは、結要付嘱の正体である御本尊に向かい、信をもって唱える南無妙法蓮華経の題目であり、これがまさしく要の修行である。

そして、この題目受持について『三大秘法抄』に、

「末法に入って今日蓮が唱ふる所の題目は前代に異なり、自行化他に亘りて南無妙法蓮華経なり」（同一五九四ジペー）

との厳誡を拝する。末法の題目受持とは、自行のみならず化他の修行をも含むのであり、化他とは、末法において一文不通の者でも、信の一字をもって三大秘法の利益功徳を他に向かって説くべきことが明らかである。故に、自行化他の題目の意義を銘記すべきである。

五十八、黒闇の世を照らす大光明

南無妙法蓮華経は、黒闇の世を照らす大光明である。

今日の社会は、物質文明が発達したとはいえ、人々が人生を正しい仏法の道理によって考えることは少なく、眼・耳・鼻・舌・身の五欲、ならびに我意邪見を中心とする享楽の追求に多くの人が耽溺している。これに対し、衆生を正しく導くべき宗教、特に仏教の現状は黒闇そのものである。真実をはずれ、または教法を誤り衆生を誑惑する不正の宗教が横行し、衆生にはこれを見抜く力もなく、安易に見過ごして蕩々たる狂乱黒闇の渦中に巻き込まれている。

この仏法の本質に迷う衆生の救済には、名実共の仏種の喚起が必要である。しかし、現今のあらゆる宗教、また仏教に、この実体を示す教法は絶えて存在しない。また世界は、あらゆる宗教対立による闘争の渦中にあり、まさに闘諍堅固という仏の予言適中を見る。

この時、日本に大仏法が出現し、衆生を導く本来の大因縁が存する。すなわち、末法出現の下種本仏日蓮大聖人所顕の大漫荼羅の南無妙法蓮華経が、一切を浄化し、黒闇を照らす大光明である。末法万年の上に、我らはこの広宣流布を確信し、自行化他の妙法実践に進むべきである。

五十九、凡夫即極の本仏

我々が南無妙法蓮華経と唱え奉ることは、日蓮大聖人の仏法が久遠元初に存することを淵源とする。有名な『総勘文抄』の文に、

「釈迦如来五百塵点劫の当初、凡夫にて御坐せし時、我が身は地水火風空なりと知ろしめして即座に悟りを開きたまひき」（御書一四一九ページ）

とあり、釈迦如来も明確に説かれなかった五百塵点劫の当初、凡夫即極の成道を説き、仏法の本源を示されたのは古往今来、日蓮大聖人のほか何人もないのである。これは、一代仏教の各分野において、あらゆる悟りの浅深が示されるが、その一切の根本は凡夫即極にあることを教示されたのである。

久遠元初は三十二相を具えない凡夫の仏であり、末法出現の大聖人も三十二相のない凡夫のお姿である。また「地水火風空」とは、法界万法一切がこれによって存在する。故に、即

妙法蓮華経である。その五大即妙法の悟りと成道が、凡夫の位であることも全く同一である。末法の大聖人に、久遠元初の仏法においての仏身について証悟がましましたことが明らかである。この凡夫即極の仏を『総勘文抄』の文は「釈迦如来」と示されているが、これは一代仏教上の相対の名称である。そのわけは、仏教の釈迦の名称は小乗、大乗、権教、実教、法華経迹門、本門と次第して、方便より真実の仏身へ、さらに文上より文底の久遠元初に到達する。故に、これは小乗より次第に従浅至深するのであり、幾多（いくた）の教法を経て昇進する相対の名称である。しかるに、日蓮の御名には全く、方便の経々による幾多の名称が存在しない。御一期（ご）の弘通の法体は、ただ南無妙法蓮華経のみである。そして、大聖人の妙法修行の境地が久遠元初の根本証悟におわします故に、釈迦如来の根本の証悟が、やはり凡夫の位にあることを照らされたのである。大聖人と釈迦如来は、久遠元初凡夫即極の位において一体の仏であるが、久遠元初釈迦如来は、方便の仏より遡上（そじょう）した相対の名称であり、日蓮大聖人は全く方便のない、凡夫即極の絶対名称である。故に、進んでその一体の仏のなかに本迹を立てるとき、日蓮の名称が本、釈迦の名称は迹となる。久遠即末法、末法即久遠の意義において、久

遠元初と末法を通じ、真の凡夫即極の本仏は日蓮大聖人であらせられる。『百六箇抄』に、

「久遠元始の天上天下唯我独尊は日蓮是なり（中略）三世常住の日蓮は名字の利生（りしょう）なり」

（同一六九六ジペー）

とあそばされている。

六十、地・水・火・風・空即妙法蓮華経

さて『総勘文抄』の文の「我が身は地水火風空」とは、法界、全世界、一切の時間・空間の全体を意味する。全空間のあらゆる存在と活動は、生物・無生物、有機・無機を含め、地・水・火・風・空に一括される。地・水・火・風は動であり、時の推移とともに動き、一切の存在はこの一つひとつとその結合による無限の生成変化の用きによって生じ、住し、変異し、消滅する。この地・水・火・風によるあらゆる有形・無形の存在を含み、かつ、それを総包するのが空であり、この空とは不動である。すなわち、全法界・全存在の事物と、無限の時間・空間の一切を包み具えるのが空である。空において、時間は無限であり、有無を超越するとともに、相対的な地・水・火・風の合成として有限の経過の一切を含む。故に、御文の「我が身は地水火風空なりと知ろしめす」とは、本仏が我が身法界の全体にして、そのなかに一切の有限差別の因縁を含む広大無限な無限即有限、有限即無限、平等即差別、差別即平等の

実相を「我が身」と悟られたのである。この悟りの全体を、妙法蓮華経と名づけられた。故に、妙法蓮華経は万物の本源であり、また、すべての当体でもある。

また『総勘文抄』に、

「五行とは地水火風空なり。五大種とも五蘊とも五戒とも五常とも五方とも五智とも五時ともいふ（中略）今経に之を開して、一切衆生の心中の五仏性、五智の如来の種子と説けり。是則ち妙法蓮華経の五字なり」（御書一四一八ページ）

と仰せの「五智の如来の種子」とは、あらゆる方便の爾前権教の法相を法華経の上に開会して、成所作智・妙観察智・平等性智・大円鏡智・法界体性智と、その各対当の権教の仏智を述べられたもので、垂迹の仏法の法相を摂り入れられたものである。つまり、根本の妙法蓮華経が基であり、縁に従い、妙法より出た方便の諸経の法相を示されたのである。故に、地・水・火・風・空によって人身があり、この五大によって我らが生き、また生かされていることは、何人も否定できない道理である。例えば、体内の火が消えれば直ちに死に至り、水が欠乏しきれば、やはり死に至る。他の地・風・空も同様である。我らの生は地・水・火・風・空の調和にある。この根本原理が妙法五字であり、即法界、即全世界である。故に、本有常住であり、本来、妙法蓮華経の不可思議な体である。したがって、妙法蓮華経を信ぜず、関係ないものとして無視する権教執着の輩は、我が身の本性に背いているのである。この地・水・火・風・空即妙法蓮華経は、時間においても空間においても無限であるとともに、その存在は無限に即する一念であり、久遠元初本仏の悟りであるとともに、現在の一瞬もまた無限に即する一念である。この一瞬一念は、今時（こんじ）に即して無限時であるとともに、また無限時に即して今時である。『当体義抄』の、

「因果倶時」（同六九五㌻）

の文、および『御義口伝』の、

「今日の化導末法を指して今日と心得べきなり。此の文は元初の一念一法界より外（ほか）に、更に六凡四聖とて有るべからざるなり。所謂（いわゆる）南無妙法蓮華経は三世一念なり」（同一八〇一㌻）

との金言は、これを道破された文である。すなわち、時間・空間存在の根本が、このところ

に存するのである。故に、無限時を今時と悟り、今時を無限時と悟るのが真実の法相である。末法において日蓮大聖人が末法即久遠、久遠即末法の大真如の上に久遠本仏の再誕として出現され、その大慈大悲の御化導により、我らが今日、題目を唱えることができるのである。この仏恩の広大を深く拝謝し、自行化他の唱題に勤めなければならない。

六十一、生死の紲を切り本覚の寤に還る

『総勘文抄』に、

「此の度必ず必ず生死の夢を覚まし、本覚の寤に還って生死の紲を切るべし」

（御書一四二六ジペー）

と説かれている。

この「生死の夢を覚まし」とは、どういうことか。思えば、人々の生活は皆、生死無常そのものである。その現実が夢であると言われるのは、生と死に挟まれた毎日の生活において、本理に基づく人生の正しい目的を弁えず、五官の楽しみや権勢、名誉等の自我中心の生活に明け暮れることが、いわゆる酔生夢死であり、夢中の生活だからである。

ならば、人生の正しい目的とは何か。それは自己の欲望のためにのみ生きるのではなく、根本的な法理を元として、他を幸福に、また他を救うために、自ら尊厳の自覚をもって、楽

しく清らかに生活の各方面に勇往邁進しきっていくことである。これが三世常住の勇猛心(ゆうみょうしん)であり、「本覚の寤に還る」とはこのことである。

この尊い人生が、巧(たく)まずして自然の形で表れる唯一の秘術は、ただ妙法を受持することである。

次の「生死の紲を切る」とは、過去・現在・未来の三世にわたり、妙法の人生としての自覚に立った生命となることであり、そこに今生(こんじょう)のみに執われた自我の煩悩による生死の紲を切り、三世常住の本覚の寤を得る。故に、妙法の唱題こそ大切である。

総本山第六十七世日顕上人猊下御教示
すべては唱題から
―唱題の功徳と意義 六十一カ条―

平成二十九年七月十六日 初版発行
令和四年二月十六日 第六刷発行

編集発行
静岡県富士宮市上条五四六番地の一
株式会社 大日蓮出版

ISBN 978-4-905522-61-4